LA SEULE CERTITUDE QUE J'AI, C'EST D'ÊTRE DANS LE DOUTE

Pierre

Desproges

La seule certitude que j'ai, c'est d'être dans le doute

Entretien avec Yves Riou
et Philippe Pouchain

Éditions du Seuil

ISBN 2-02-034553-6

Juste une convention entre nous : vouvoiement ou tutoiement ?

C'est complètement idiot de se vouvoyer quand on se connaît... Généralement je ne vouvoie les mecs que quand je les ai sodomisés avant, parce que je suis assez fragile sur le plan de l'intimité... Comme nous sommes intimes pour d'autres raisons que le cul, on se tutoie... C'est très important le vouvoiement, en France, c'est une finesse de langage qui tombe en désuétude. C'est dommage.

Que trouve-t-on dans ton bureau ?

Sachant qu'on allait y faire cet entretien, je n'ai pas laissé certains objets, j'en ai disposé d'autres, parce que je ne suis pas tellement honnête avec moi-même.

J'ai caché des choses infamantes. Par exemple, un ticket de métro je trouve ça infamant, je l'ai caché... En revanche j'ai mis un bouquin d'Edica parce que c'est un copain... Il cache un très beau livre sur les dessous féminins qui sont une des grandes joies de ma vie, avec la mort des gens que je méprise.

Je vois un clap de film L'Œil du mort.

L'Œil du mort, c'est un téléfilm... C'est la seule fois qu'on m'a demandé de faire la comédie à la télévision dans un rôle avec d'autres comédiens. J'ai gardé le clap... En fait je l'ai gardé parce qu'il y a le mot « mort ». J'aime bien tout ce qui rappelle la mort. J'ai le dictionnaire de la mort de Sabatier... Sabatier, l'écrivain. J'ai un livre en forme de cercueil, il n'est pas passionnant mais j'aime bien avoir des cercueils autour de moi.

Je vois aussi beaucoup de cochons... Il y a une symbolique du cochon dans cette maison qui est absolument démente.

Oui, ici, c'est la pièce où il y en a le moins... Il y a de beaux cochons... Je suis maniaque, mais je ne crois pas avoir l'esprit collectionneur. Généralement les collections, c'est quelque chose qu'on vous impose. Une copine m'avait entendu, dans une émission de télévision, imiter le cri du cochon : une de mes grandes gloires sur terre, je fais ça très, très bien. Elle m'a apporté un cochon de Hong Kong. Ça a commencé comme ça. Ensuite j'ai eu un deuxième cochon, puis un troisième. On ne savait pas quoi m'offrir d'autre que des cochons. Et puis il y a quelque chose qui me plaît chez le cochon, le fait même qu'il soit l'animal le plus méprisé de l'homme, ça satisfait assez ma misanthropie. C'est complètement faux de dire que le cochon est sale, c'est le paysan qui est sale de mettre le cochon dans la merde. J'ai vécu dans des pays d'Extrême-Orient, au Laos, les cochons vivent dans la nature, ils dorment dans les maisons, ils ne sont pas plus sales que les Laotiens qui sont des gens très propres. Simplement les cochons s'appellent « Kiki »... Et les Laotiens mangent leurs chiens.

Imaginons qu'il y ait une machine à remonter le temps. Nous te proposons cinq périodes de ta vie : l'enfance, la période « étudiant kinésithérapeute », le service militaire, l'entrée dans la vie active, journaliste à L'Aurore *et enfin la parution du premier livre et le premier spectacle.*

Oui... *(grand silence)*

Quelle période ?

Dans laquelle j'aimerais le mieux retourner ?

Celle qui te laisse les impressions les plus fortes.

Les plus fortes ne sont pas forcément les plus heureuses. Si j'avais une machine à remonter le temps j'irais chercher un moment où j'étais plus heureux que maintenant... Non ?

Tu ne veux pas parler du passé ?

Je trouve qu'il y a une impudeur à se dévoiler totalement... D'autre part, je trouve outrecuidant de penser que ça peut intéresser tout le monde... Si les anecdotes sont bonnes bien sûr, mais c'est rare. Je n'ai vécu que des banalités...

Au bout de cinq minutes, ça y est, il met le mur de Berlin... (rires)

Bon... Attends... Malheureusement... Enfin, non, pas malheureusement, je me sens bien maintenant. Je me sens bien dans ma peau maintenant que j'ai quarante-sept ans. Ce n'est pas quelque chose que j'ai senti à chaque époque de ma vie. Et quand je fais un retour en arrière, je n'ai aucun regret... La jeunesse, pour moi, ça représente des boutons sur la gueule... Un malaise, une idée de malaise. J'ai été un adolescent boursouflé d'acné et d'amour raté... C'est une période triste où je ne décidais pas de ce que je faisais, alors que je suis très individualiste, très indépendant. Je dépendais de ma famille, de mes maîtres... L'enfance... je n'aimais pas, je me suis emmerdé.

Tout petit déjà, tu ne faisais pas rire les autres?

Je crois que je n'ai jamais fait rire les autres tant que je n'étais pas payé pour... *(rires)*

On peut avoir de l'humour et ne pas faire rire...

Le coup de l'humour... C'est dans les gènes, c'est comme les yeux bleus ou les cheveux rouges. On peut très bien avoir beaucoup d'humour et ne pas l'exhiber. Il faut avoir de l'humour et de l'exhibitionnisme pour faire le métier que nous faisons. Il y a des gens qui ont énormément d'humour mais qui sont seulement récepteurs d'humour. On a ça dans nos publics. Quelquefois on se sent en communion totale avec des gens qui ne sont pas drôles, qui ne font pas passer d'humour mais qui y sont réceptifs.

Un spectacle, des livres, en ce moment, ça bouge autour de Desproges...

Et ça bouge bien. Ça bouge comme j'ai voulu. Ça bouge dans le sens que j'ai voulu.

Ça veut dire que c'est programmé tout ça ?

Non ! Je n'ai jamais eu de plan de carrière, ni même d'ambition. Je n'ai aucune ambition. Je suis trop conscient de la vanité de l'existence pour avoir un plan de carrière ou de l'ambition. Depuis que j'ai l'âge de penser... le vrai but de la naissance de l'homme, la seule raison d'être sur terre, c'est de mourir. Quand on est bien conscient de ça...

Revenons à la période « kiné ».

On peut l'appeler la période « kiné », mais c'était vraiment la dernière des choses qui m'occupait, ça m'était complètement indifférent. J'ai fait ça de façon complètement ignoble, sur le plan de l'honnêteté. J'ai subi ces cours pendant deux ou trois ans dans le seul but de m'occuper et d'avoir une raison de me faire donner à bouffer par mes parents. Je n'ai jamais pensé une seconde devenir kinésithérapeute.

Tu étais déjà attiré par l'écriture ?

Qu'est-ce que c'est « Être attiré par l'écriture » ? J'étais toujours « prem » en français... A sept ans, j'avais lu tout la comtesse de Ségur. Je n'ai jamais eu envie d'écrire, même maintenant d'ailleurs... J'ai eu envie de lire... J'aime bien le langage. J'aime bien le verbe. C'est un outil. Quand on sait un peu le manier, c'est un outil formidable. C'est un outil pour tuer quelqu'un, un mot qui vient bien... Sans se salir les mains, on peut tuer ou, pire, humilier... Une des grandes joies de la vie, c'est d'humilier ses semblables. *(rires)*

Le service militaire ?

J'ai fait mon service militaire à une époque grandiose où on faisait vingt-huit mois. J'en ai gardé une rancœur totale. J'étais déjà misanthrope avant de vivre dans une chambrée, mais quand on a vécu vingt-huit mois au milieu de gens qui font des concours de pets... Déjà qu'on n'aime pas ses semblables, on les aime encore moins après.

La haine du groupe, ça part de là ?

Non, ça s'est confirmé, ça date de bien avant, quand on essayait de me faire jouer au football, j'avais sept ans. Ce n'était pas une haine du football, c'était le groupe. Plusieurs personnes qui font les mêmes choses ensemble... J'ai l'impression que quand le nombre d'individus se multiplie, leurs intelligences se divisent proportionnellement. C'est pour ça que je ne participe jamais à une manif. Même si on manifestait pour la survie de mes enfants, je n'irais pas.

Tu n'as jamais été dans une manif ?

Ah ! Non, ça alors là, non.

Jamais de ta vie ?

Non, jamais.

Une pétition ?

Non, jamais.

Et une cause que tu as envie de...

Le dessinateur Philippe Geluck, un Belge, qui a fait un bouquin qui s'appelle *Le Chat*, a une très belle phrase, que je devrais mettre sur mon mur, « Quand quelqu'un partage mon opinion, j'ai l'impression de ne plus avoir qu'une demi-opinion ». Voilà, ça c'est quelque chose que je ressens, à tort ou à raison.

Mais, tous les soirs, tu te retrouves face à un groupe...

Face à un groupe, ça j'adore être face à un groupe. *(rires)* C'est être dans le groupe qui me gêne, pas être devant, au contraire. Je suis debout, ils sont assis. Ce n'est pas la même chose... Au foot, j'aimerais bien être le ballon.

Au foot, quand tu étais petit, tu as dû recevoir un ballon sur la tête pour avoir autant de...

Non, mais quand j'étais gamin, j'avais l'impression... et ça continue : je ne suis pas du tout sûr de moi. Le jour où je serai sûr de moi... Je pense que quand on est sûr de soi, on ne peut pas pratiquer les métiers que nous faisons... D'humour... Quand j'étais gamin, c'était au point que le fait de ne pas me sentir bien avec les footballeurs, par exemple, me donnait l'impression que j'étais anormal. D'ailleurs ça a continué au service militaire. Quand je ne participais pas aux concours de pets, je me faisais traiter de pédé... Je me rappelle, un jour en Algérie, je m'étais baladé sur une plage et j'avais cueilli des roses de sable... Dans la chambrée, on avait chacun ce qu'on appelait des mechtas algériennes, on était dans la même pièce mais séparés par des parois de bambous et j'avais mis ces roses de sable dans un vase... *(imitant les militaires)* « Oh ! Le pédé... Oh ! L'enculé... » C'est quelque chose que j'ai toujours ressenti...

Tout à l'heure tu as parlé du Laos... Accident de parcours ?

Mon père était dans l'enseignement et il trouvait, à juste titre, que je n'étais pas doué. Sans être vraiment un cancre, je ne foutais rien. Comme j'étais très bon en langues et en lettres, j'arrivais à ne pas redoubler mais je glandais. Lui est parti enseigner en Extrême-Orient. Quand je suis arrivé en troisième, il s'est dit : « Il faut vraiment que je m'en occupe de près », et il m'a emmené avec lui. Je suis resté seul avec mon père au Laos pendant un an.

C'est un pays sublime dont j'ai très peu profité parce que c'était mon époque boutonneuse. Je n'étais pas mieux devant un coucher de soleil sur le Mékong qu'au métro Barbès.

Tu connais bien le Liban aussi…

Non, je ne le connais pas si bien. J'y suis passé deux ou trois fois, deux ou trois jours. J'avais quinze ans quand je suis passé à Beyrouth, c'était une ville très gaie, très pimpante, en même temps très orientale et très occidentale, totalement œcuménique. Le Liban, c'était le seul pays où les Juifs, les Arabes et les Européens s'entendaient vraiment très bien. C'est ça qu'on veut tuer d'ailleurs, il y a des gens qui ne supportent pas ça.

Avant de monter sur scène, as-tu eu des grands chocs devant d'autres artistes ?

Oui, tout le temps, mais curieusement, et c'est un truc que je ne comprends pas, je n'ai jamais eu envie de faire ce que je fais. Étant môme, j'écoutais Francis Blanche, Pierre Dac. J'étais passionné. Je séchais des cours, je repoussais des rendez-vous pour ne pas rater leurs émissions. Après, Martin, Yanne, etc.

Brassens était quelqu'un de très important pour toi ?

C'est un modèle d'humanité, Brassens. Quelqu'un qui est arrivé au sommet dans ce métier, si tant est qu'il y ait un sommet. Pour moi la réussite c'est d'arriver où on veut, ça ne se chiffre pas en nombre de fauteuils qu'on remplit au palais des Congrès, donc il est arrivé très haut et très bien sans jamais se compromettre. Il ne s'est jamais compromis devant le public, alors qu'il n'était pas, comme on l'aurait voulu, un chanteur populaire au sens petit « p » du mot populaire. Il avait son vocabulaire qui était un vocabulaire assez précieux, il avait des tournures de phrases... Même parmi les gens qui disent aimer Brassens, il n'y en a pas un sur cinquante qui peut réciter certains textes qui sont très fouillés. Il ne s'est jamais abaissé vers le public, il a attendu que le public... Pas que le public se lève... Mais, il l'a dit d'ailleurs dans une chanson, « Si le public en veut, je les sors dare-dare, s'il n'en veut pas, je les remets dans ma guitare », en parlant de ses chansons. Il a toujours eu cette attitude devant les professionnels de ce métier. Il n'a jamais payé à bouffer à un mec pour avoir du succès. Pour pouvoir faire un disque, il n'a jamais dit à quelqu'un « vous êtes beau », s'il le trouvait moche.

Tu sous-entends...

Je ne sous-entends pas, j'affirme que beaucoup de gens dans ce métier sont sales, se compromettent. Je pourrais vous donner les noms de ceux qui ne se compromettent pas... Ils sont cinq, peut-être... Naturellement tout dépend de ce qu'on appelle se compromettre. Pour moi, le fait d'aller bouffer avec quelqu'un qui ne me plaît pas, c'est une compromission. J'exagère peut-être, parce que je ne suis pas très sociable, je n'ai pas ce qu'on appelle l'esprit de zinc. Je n'aime pas sourire devant une bière si je suis avec quelqu'un que je n'aime pas.

A quel moment pourrais-tu te compromettre ?

Attention, je n'ai jamais dit que je ne m'étais jamais compromis du tout.

T'es-tu déjà trouvé dans cette situation ?

Me compromettre vraiment, non, mais j'ai participé à certaines émissions auxquelles je suis fier de ne plus participer maintenant. Certaines émissions avec des gens avec qui je ne me sentais pas à l'aise... C'est à peu près tout... J'ai fait des émissions de télé que je n'aurais pas dû faire, mais pas trop quand même.

Et puis, surtout, je les faisais à une époque où je n'étais pas suffisamment reconnu pour que ce soit gênant. Mais enfin je ne serais pas allé à une émission que fait M. Poivre d'Arvor actuellement, et je pourrais vous citer plein d'autres noms. J'aime mieux mourir dans d'atroces douleurs que d'aller poser mon cul à côté de ces gens-là.

Guy Bedos a dû se trouver dans la même situation le jour où on lui a proposé de faire l'émission de Patrick Sabatier, « Le jeu de la vérité ».

Apparemment non, puisqu'il l'a faite... Bedos, il a un combat... Il est persuadé qu'à gauche on est gentil, qu'à droite on est méchant. Quand on a un drapeau, on va derrière ce drapeau, sans se compromettre, pour réussir son combat. On commet des actions, je n'ai pas dit des délits – attention c'est mon copain ! –, on commet des actions qu'on ne commet pas si, comme moi, on ne croit ni à Dieu ni à Diable. Donc Bedos est allé chez Sabatier parce que Delon y était allé avant, pour dire le contraire de Delon. Quand on est un artiste engagé, c'est dans la logique. Dans cette émission de Sabatier, Bedos est apparu sympathique justement parce qu'il était complètement fragile en face de ça. L'autre a essayé de le piéger pour satisfaire le public de mongoliens profonds qui vient se réchauffer les couilles et les pieds dans ce genre d'émission...

Et toi tu as peur de montrer cette fragilité dans des émissions peut-être idiotes mais avec une part de risque évidente...

Il y a toujours une part de risque à faire une émission de télévision en direct, c'est monstrueux...

Quel risque ? Ne pas correspondre à l'image que tu veux donner ?

Oui, on peut très bien ne pas être du tout en forme. Ne pas comprendre certaines questions, ne pas avoir envie d'y répondre. Et puis l'émission passe devant vingt millions de gens qui vous jugent.

Quand tu fais une émission, tu dois calculer, être en forme, être prêt, être drôle, être brillant...

Pas forcément être brillant. Ce qui est important, c'est être sincère, et Bedos, dans l'émission de Sabatier, était sincère.

Est-ce que ça ne t'irrite pas qu'en ce moment on te demande ton avis sur tout ?

Si, ça m'énerve. En plus ce que je pense n'a pas d'importance. Qu'on me demande ce que je pense de l'imparfait du subjonctif, d'accord, c'est mon métier d'écrire. Mais ce que je pense de la cohabitation ou de la stérilisation de TF1... Je trouve ça agaçant.

As-tu déjà eu des retours de manivelle par rapport à des prestations que tu as faites ?

J'ai été touché, par exemple, quand quelqu'un m'a écrit, après mon premier spectacle, pour me reprocher d'avoir repris des textes que j'avais déjà écrits ailleurs. Il mettait en cause ma capacité à me renouveler. Ayant appris à gratter et à écrire dans la presse quotidienne, je me fais fort d'être quelqu'un qui écrit, qui donne ce qu'il a écrit, qui le jette à la poubelle et le lendemain recommence autre chose... Donc, ça, c'est un truc qui m'avait blessé.

Penses-tu que les journalistes ont peur de toi ?

Je ne sais pas, en tout cas ils sont vraiment très gentils avec moi.

Peut-être qu'ils se disent : « Si je le descends, attention... »

C'est grave ce que tu dis... Si je leur fais peur, je ne vais plus avoir que des bonnes critiques quoi que je fasse. Donc les critiques ne sont pas honnêtes avec des gens comme moi. *(rires)*

Il y a la solidarité aussi, comme tu es un ancien journaliste...

Ça joue dans les deux sens, il y a certains journalistes qui ont l'impression d'une trahison.

Certains journalistes doivent t'envier...

Effectivement, il peut y avoir un peu d'envie et un sentiment de trahison mêlés, cela ne me rend pas forcément aimable... Pour en revenir au retour de bâton, à une soirée en province, il y avait deux photographes qui étaient assis dans le public, avec des flashes. En plus, ils se racontaient leur dîner de la veille. J'avais vraiment envie de les tuer, et je leur ai dit : « Je vais vous pisser sur la tête, je vais vous chier dessus, vous êtes des vermines »... On est obligé de faire ça, le public ne se rend peut-être pas compte, mais on est obligé d'être absolument violent pour moucher ces gens. C'est moi ou eux. Il m'est arrivé au théâtre Grévin, il n'y a pas longtemps, d'avoir un bébé de trois mois au premier rang du balcon... Je l'ai traité de mongolien, de taré, jusqu'à ce que ses parents s'en aillent. Je les ai fait rattraper par les ouvreuses pour les inviter un autre soir sans le môme... En payant même la fille au pair...

Pour revenir à ce que tu disais, aucun fantasme, aucun désir de monter sur scène ?

J'ai toujours eu une fascination pour la scène, la radio, la télévision, pour le cinéma, mais je ne me suis jamais dit : « Et moi, pourquoi je ne ferais pas ça ? » Quand j'étais journaliste, j'avais des loisirs et j'occupais mes loisirs à écrire des sketches, à les enregistrer. Je les faisais écouter à des copains. J'écrivais aussi des chansons, paroles et musiques, très mauvaises. Mais, pas une seule fois, je ne me suis dit : « Et si je faisais ça en public ? »

Bedos, ça a été un choc ?

Bedos, ça c'est passé en deux fois. D'abord à la radio. Parce qu'il a une voix. C'est un truc dont je souffre, j'aimerais bien avoir une voix. Comme Coluche qui avait une voix extraordinaire. Bedos a une voix. Et puis c'est un superbe comédien en scène.

Tu trouves que tu n'as pas de voix ?

J'aimerais avoir une voix, une voix facile. Il y a des gens qui parlent sans se forcer, qui font passer des sons...

Pourtant, sur scène, tu as vraiment un timbre et une syncope à toi.

Je ne l'entends pas. Et ce n'est pas de la fausse modestie...

Comment procèdes-tu pour écrire ?

Pour écrire un spectacle ? Je peux vous montrer... Là, j'ai un dossier, il y a écrit OMS 3. OMS ça veut dire « One man show ». Ce sont des bouts de machin. Au cas où je serais encore en vie dans deux ans, je repiquerais là-dedans. J'ai noté des bouts d'idées : « Jessica... Enchanté, j'ai six couilles. » Je ne sais pas si c'est très amusant ! J'espère ne pas m'en servir, parce que c'est très bas... A partir d'un bout, j'étire. « Il a la tête sur les épaules, je ne vous dis pas de qui. » Je ne sais pas ce que ça veut dire, il faudra que je trouve... « J'ai un profond respect pour le mépris que j'ai des hommes. » Ça, je trouve que c'est une chute.

Écris-tu différemment pour un spectacle ou pour un bouquin ?

Pas pour le premier spectacle, mais pour le second, oui. C'est d'ailleurs, à mon avis, pourquoi il fonctionne mieux que le premier. Dans le premier j'avais pris deux ou trois morceaux de bouquins, tandis que dans celui-ci chaque mot est écrit en pensant scène.

On est au début de l'hiver : les Restos du cœur...

Je vais vomir si vous continuez.

Les émissions de télévision pour les causes humanitaires ?

Il y a des artistes qu'on ne voit que grâce à ces émissions. On ne les invite pas, mais on ne peut pas les chasser. Par exemple, j'ai vu un vrai faux cow-boy venir dans une émission coluchophile sur les restaurants du Genou essayer de chanter son petit bout de chanson qu'il allait offrir, une plage de son disque qui allait être vendu à vingt-cinq exemplaires. Il y a plein de gens comme ça... Attention, je ne trouve pas ce genre d'émissions scandaleuses parce que des artistes qu'on ne voit jamais chanter ailleurs y viennent. Ce qui est grave, scandaleux... Il y a un vieux proverbe chinois qui dit : « Pour rendre service à son prochain, il ne faut pas lui donner du poisson, il faut lui apprendre à pêcher. » Donner à bouffer aux nécessiteux pendant un mois et puis les laisser crever les onze autres mois de l'année... Bien sûr, c'est pas mal, moi aussi je fais de la charité. La différence fondamentale – c'est mon orgueil à moi –, c'est que j'aide des pauvres mais je n'en parle pas. Je ne montre pas le montant des chèques et je ne vous dirai pas à qui je les adresse. Mais cette exhibition larmoyante et, en plus, tous ces gens qui sont anticléricaux et qui reprennent le message de François d'Assise sans bien l'avoir compris, c'est bizarre.

Les grandes messes comme la remise des Césars, les Victoires de la musique, les Sept d'or?

Je regarde. J'enregistre même, je suis honnête. Mais, c'est idiot, c'est la pêche à la médaille! Il y a quelques artistes de bon goût qui ne s'y rendent pas, qui sont empêchés les soirs où on les leur remet... Ils les acceptent parce que, commercialement parlant, je crois que, pour un acteur de cinéma, le fait d'avoir un machin d'or, ça aide.

Toi, tu n'irais pas?

Comme c'est fait maintenant, non. Souvent on me propose des machins, des prix... Jamais je n'accepte ça... pour l'instant. En vieillissant, la sénilité... Quand on bande moins, on est plus sensible aux gâteaux, aux petites médailles en chocolat...

Es-tu mondain ?

Ah ! Non ! Je ne suis pas mondain. Je fais des exceptions pour les trucs de bouffe où je rencontre des gens comme Pivot ou Pierre Perret. Là, il y a une fraternité... Je vous ai dit que je n'aimais pas les groupes, mais les groupes qui savent bouffer et qui savent boire, j'aime bien.

Le soir de ta première, il y avait du « beau linge »... Avant d'entrer en scène y pensais-tu ?

Je ne dois pas être vraiment pro dans ce métier parce que je n'y pense pas. Peu m'importe... Ce spectacle je l'ai « rodé » comme on dit, pour employer un mot immonde, je l'ai « échauffé » au théâtre Boulimie à Lausanne. Mon trac, ça a été le premier soir à Lausanne, la trouille. Et puis, curieusement, les gens de métier, notamment les journalistes, ne m'impressionnent pas, Pour moi, c'est un de mes bons publics. Si j'ai quinze septuagénaires au premier rang ou quinze gosses, j'ai plus peur de leurs réactions. Mais, si ce sont des septuagénaires qui se tordent de rire, alors là c'est le bonheur.

Il y a une dizaine d'années tu as été présentateur du spectacle de Dalida. Était-ce un plan de carrière, un accident de parcours ou un pari ?

En tout cas, pas du tout une compromission. Après avoir fait « Le Petit Rapporteur », on m'a proposé plein de choses. J'écrivais dans un journal où j'étais fier d'avoir ma signature. Mais « Le Petit Rapporteur », ça m'a foutu sur un podium. Je ne sais pas si Jean-Marie Proslier avait la grippe, en tout cas Bruno Coquatrix m'a téléphoné un matin. J'étais très ému, débutant complètement dans ce métier, d'entendre M. Coquatrix, qui était un sacré malin, me dire : « Pierre, je vous adore... Vous allez être monsieur Olympia. » Pour moi, être « monsieur Olympia », je n'ai même pas mesuré ce que ça voulait dire. « Est-ce que vous voulez présenter le spectacle de Nicole Croisille ? »... C'était l'époque bénie de l'Olympia, c'est un lieu que j'adore, il y avait une première partie avec des clowns, des illusionnistes, des jongleurs et Croisille après. Et moi j'intervenais entre chaque numéro, j'avais écrit deux ou trois petites bricoles et je lisais des fausses nouvelles.

Après, Thierry Le Luron m'a demandé de faire la même chose avec lui, mais il y avait un « plus », je lui ai écrit un sketch qui était une interview de Giscard par une espèce de Chancel débile. Et après, il y a eu Dalida et Nicolas Peyrac en vedette américaine. Mais Dalida, je ne me suis pas du tout compromis. Au contraire, je racontais une biographie de Dalida qui avait connu Peyrac dans les chiottes de l'hôpital Cochin... Le frère de Dalida me courait après dans les couloirs de l'Olympia avec un couteau, Coquatrix faisait un rempart de son ventre... Non, non, je ne me suis pas du tout compromis, mais je ne l'ai pas fait quatre fois.

Ce sont tes premiers contacts avec le showbizz...

Je vais être complètement sincère. J'étais journaliste à *L'Aurore* en 75, je devais gagner trois mille francs par mois. Quand Coquatrix me proposait des choses comme ça, je devais gagner deux mille francs par jour. Ça compte, bordel, l'argent. Je ne suis pas un homme d'argent mais, enfin, ce sont des choses dont on parle rarement dans nos métiers. On dit : « Je fais ce métier parce que j'aime le public. » Ça peut être vrai, c'est vrai souvent, mais comme dans n'importe quel autre métier… si vous êtes artisan plombier à cinq mille balles puis, tout en continuant à faire la même chose – parce que je continuais à écrire des conneries comme quand j'étais à *L'Aurore*, donc c'était le même métier –, on vous dit : « Vous voulez pas passer de cinq mille balles à quarante mille ? »… C'est pour ça que je n'ai pas dit non à l'Olympia, alors que ce n'était évidemment pas ma voie. Je n'ai pas dit non à Thierry, alors qu'on ne s'entendait pas... C'est quelqu'un pour qui j'avais beaucoup d'estime, je trouve que c'est un des plus grands clowns... Il y avait un charme formidable chez Le Luron sur scène, mais bon, on n'était pas fait pour s'entendre… Donc, je me suis compromis dans ces limites-là… Quand je dis que je me suis compromis avec Le Luron, attention il faut bien se comprendre. C'était un immense professionnel, c'était plutôt à mon honneur qu'au sien. Je ne parle pas de me compromettre par rapport au personnage de Le Luron, surtout qu'à l'époque il n'était pas entouré de mâles blancs qui lui écrivaient des textes immondes.

Je suppose que tu gagnes bien ta vie, si on te proposait d'être tes conseillers financiers...

J'ai ça sous la main... J'ai une femme qui est ma meilleure femme, ma meilleure maîtresse, mon meilleur amant, mon meilleur copain et mon meilleur financier.

Quand tu écris, ton premier public, c'est ta femme ?

Oui... Toujours... C'est pratique, elle n'est pas loin.

On parle toujours des femmes d'artistes... Elle se tient bien ? (rires)

C'est une femme avec qui je me suis mis en ménage d'abord parce qu'on avait la même forme d'humour. Musicalement on a les mêmes goûts, en littérature on est très proche. Ça, c'était déjà acquis avant... Il y a une espèce de logique.

Les femmes, c'est important ?

Les femmes et le bordeaux, je crois que ce sont les deux seules raisons de survivre. D'ailleurs, le seul moment où on oublie qu'on est mortel, c'est quand on baise, bien.

A propos de femmes, j'ai noté les termes que tu emploies pour décrire les organes sexuels : la bloubloutte, le gourdin, la bébette, la zigounette, le pilou pilou...

La zigounette et le pilou pilou ça a fait le tour de France, je les ai retrouvés dans d'autres bouquins, après...

C'est une sexualité assez enfantine ?

Oui, mais bon... Il n'y a pas de jolis mots... Brassens avait une très belle chanson où il se met en colère sur le fait qu'on n'a jamais trouvé que des noms infamants pour décrire le sexe de la femme.

Comment as-tu vécu la période féministe de la fin des années 70 ?

J'ai vécu à côté...

T'es-tu senti « menacé » comme beaucoup d'hommes à l'époque ?

Non, parce que je n'ai jamais pensé passer un moment amoureux avec une femme du MLF, donc je ne me suis pas senti brimé. Il suffisait de les voir défiler pour ne pas avoir envie de les sauter.

Il y en avait des pas mal quand même...

Oui, des gouines ! *(rires)* Là, je suis de mauvaise foi... Mais il y a un peu de vrai quand même. De vraies féministes, il n'y en a pas plus chez les femmes que chez les hommes. Il y a une chose dont je suis certaine *(lapsus)*, c'est qu'il y a autant de misogynes femmes qu'hommes. Les femmes qui servent debout la soupe aux mecs assis, ça existe encore et c'est souvent la volonté des femmes... Ce n'est pas qu'un truc de mec, la misogynie. Il y a des femmes qui s'en portent bien et qui le revendiquent.

Est-ce que pour séduire une femme, tu passes toujours par le rire ?

Qu'est-ce que tu veux que je montre d'autre ? *(silence, puis éclat de rire général)* Quand on a la chance d'avoir cette arme-là... Les femmes le disent très souvent, quand on leur parle de séduction chez un homme, un homme qui les fait rire c'est quelque chose... A l'inverse, une femme qui me fait rire, ça me couche complètement, je peux tout faire...

Et les femmes bêtes ?

Oui, mais c'est une autre forme de sexualité. Une belle conne, une belle charolaise... On a envie quelquefois de ça... Je suis assez raffiné à table, je peux pendant trois heures faire cuire un petit homard aux légumes et puis le lendemain, j'ai envie d'un vieux Caprice des dieux avec un Préfontaine, et il n'y a que ça qui me fera du bien, qui me fera rire le ventre. De même une bonne conne qui ne pense pas, c'est bien. Les femmes aussi ont des forts des halles, ça ne les empêche pas d'être des filles raffinées.

Tu crois que la femme est l'avenir de l'homme. (éclats de rire) *Tu aimes beaucoup Aragon, non ?*

Sur le plan du verbe, oui. Comme homme pas du tout, je ne peux pas l'aimer, il était communiste. Je ne peux pas supporter les communistes.

C'est viscéral ?

Oui, c'est viscéral, mais ce n'est pas seulement les communistes. Toutes les formes de fascisme m'ennuient. Tous les gens pratiquants m'ennuient, me font peur surtout. Les gens qui croient, qui sont derrière un drapeau. J'ai un peu peur, parce qu'il faut élaguer pour arriver sur la montagne où on va planter son drapeau. Ça date des croisades, mais ça continue avec Le Pen et Gorbatchev.

Un jour, à la télévision, tu as choisi comme séquence marquante un défilé de femmes catholiques et protestantes à Belfast.

Oui, parce que j'ai trouvé que c'était un superbe symbole... Ça ne m'étonnerait pas que les femmes libanaises, juives et arabes aient ce genre d'envie. Les femmes n'ont jamais eu envie de porter un fusil, pour moi c'est quand même un signe d'élégance morale.

En Israël, il y a quelques femmes qui ont des fusils...

Je n'ai pas dit que les femmes ne portaient jamais de fusils, je dis qu'elles n'en ont pas envie à la base.

Un petit jeu. Imaginons que tu sois stérile et que ta femme soit, elle, féconde.

Elle est enceinte ?

Non, elle n'est pas enceinte puisque tu es stérile.

Tu crois que ça suffit pour qu'elle ne soit pas enceinte !

Plusieurs choix et options sont envisagés. Première possibilité, aller à la DASS... Il ne reste plus qu'un jeune adolescent de seize ans...

S'il est bien. S'il a un petit cul...

Deuxième choix, on te propose du sperme congelé de prix Nobel...

Blanc ou Noir ?

Troisième choix, un académicien français te propose de donner son sperme...

Comment fait-il ?

Quatrième proposition, ton ami Bedos se propose de palier ta carence en rentrant dans le lit de ta femme.

Là, elle marchera.

Enfin, grâce à une dernière découverte, l'homme peut accoucher. Tu t'engrosses toi-même. C'est la reproduction narcissique parfaite, Desproges accouchant de Desproges, le sommet de l'individualisme hystérique...

Ce qui est curieux dans vos cinq propositions, c'est qu'il manque la sixième qui est essentielle. Tu ne me demandes même pas si je veux un gosse.

On imagine...

Pas forcément, je ne suis pas sûr que je voudrais un gosse si ma femme était stérile... Ah ! pardon, c'est moi qui suis stérile, ah, oui.

As-tu ressenti le danger de près ?

Oui, par exemple, il n'y a pas longtemps, il y a une de mes gosses qui s'est étouffée à table. En suçant un peu violemment un os de cuisse de poulet... Elle ne pouvait ni ingurgiter, ni régurgiter et elle est devenue violette. Le chat, la femme, les chiens sautaient en l'air en poussant des cris stridents. Alors que j'ai tendance à paniquer dans des situations pas vraiment graves, là je me suis levé lentement, puis je lui ai ouvert la bouche, je lui ai maintenu la bouche grande ouverte et je suis allé au fond chercher le truc, mais très lentement... Je sens très bien ça. Un gosse qui serait piqué par une guêpe, je prendrais le temps de couper le tuyau du gaz, de le lui enfourner, de lui souffler dedans... Mais intérieurement je suis secoué !

Penses-tu être quelqu'un d'intelligent? (éclats de rire)

Oui et non... Je pense avoir une forme de compréhension du langage mais je n'ai pas d'intelligence logique, pragmatique... Je ne comprends pas bien quand on m'explique... C'est un signe de connerie... Par exemple, un jeu de cartes je ne comprends pas. Je crois que ça ne m'intéresse pas beaucoup, alors je décroche assez vite... En scène, je dis que je suis dyslexique et gaucher contrarié. C'est vrai. C'est extrêmement gênant... C'est pour ça que je ne conduis pas d'automobile. Je confonds la gauche et la droite, le vert et le rouge... Au lit c'est bien, au lit, ça m'aide... *(rires)* Je pense que l'intelligence est une qualité de gauche, mais je ne pense pas que l'intelligence soit la qualité la plus importante sur terre... Il y a un truc que j'ai mis dans mon spectacle : « L'intelligence, c'est le seul outil qui permette à l'homme de mesurer l'étendue de son malheur. » C'est un truc que je pense profondément. J'ai un ami qui a un enfant idiot, crétin, pas mongolien mais un peu en dessous, qui sourit vraiment, qui est heureux comme tout. Il ne se pose pas de questions sur ce qu'il va bouffer demain. La vraie béatitude, on ne l'a que par l'héroïne pure ou par le mongolisme.

Et le mongolisme c'est difficile de se le faire inoculer.

As-tu été tenté par la psychanalyse ?

En tant que patient, en tant qu'exhibitionniste narcissique, le fait qu'on parle de vous, c'est toujours un bon moment. C'est pour ça que les gens sont fascinés par leurs horoscopes, bien qu'ils sachent que ça ne veut rien dire. Mais on dit : « Vous êtes comme ci, vous êtes comme ça. » Le seul sujet qui préoccupe, vraiment, profondément quelqu'un, c'est lui.

Je crois que la psychanalyse, comme l'astrologie d'ailleurs, c'est quelque chose de pseudoscientifique dont l'utilité n'a jamais été démontrée, puisque c'est une espèce de para-science qui balbutie depuis cent ans, pas plus.

Il y a une mode, un engouement pour Sigmund que je trouve suspects. Ai-je le temps de vous raconter une histoire ?

Une amie avait un enfant surdoué, mais vraiment surdoué, à trois ans il savait lire et écrire, c'était assez effrayant. Évidemment, la mère et les maîtres ont voulu le faire passer en classe supérieure. Mais pour autoriser un gosse en classe supérieure, de la façon dont fonctionne l'école en France, il est obligatoire de passer par un psychologue et un psychanalyste, et de lui faire subir des tests pour voir si l'affectivité du môme est à la hauteur de ses capacités scolaires. Donc, rendez-vous est pris avec un psy. Le môme avait sept ans. La psy, une dame, le reçoit dans son bureau et dit à la mère : « Attendez-moi dans la pièce à côté. » Au bout d'un quart d'heure, la psy rappelle la mère et lui dit : « Voilà, madame, sur le plan des tests scolaires votre enfant est parfaitement capable de sauter une classe, mais sur le plan affectif c'est une catastrophe, on sent qu'il y a un désordre, un déséquilibre familial grave. Je lui ai demandé de me faire un dessin. » Elle montre le dessin. « Je lui ai demandé de dessiner papa maman. » Il avait dessiné dans toute la hauteur de la page un immense personnage qui était papa, et dans un coin, en tout petit, maman.

« Vous comprenez, il y a un désir du père et un mépris de la mère qui est complètement anormal. Affectivement, ce garçon ne va pas bien. A moins, madame, que vous ayez une autre explication. » La maman a dit : « Oui, j'ai une autre explication. Je mesure un mètre quarante-sept, mon mari mesure un mètre quatre-vingt-seize... » *(rires)*

Voilà, ça résume assez bien ce qu'on peut penser des psy, pour l'instant. Je ne dis pas que ce n'est pas une science, mais elle n'est pas au point, à mon avis. Moins au point que l'opération de l'appendicite.

Tu as dit de Coluche qu'il était un grand, mais que c'était dommage qu'il ait mis sa gueule et sa voix magique au service de la grossièreté. Il a voulu ratisser trop large et a galvaudé son talent.

Oui, je le maintiens... L'époque Coluche, à Europe 1 par exemple, où il récitait le Vermot avec des poils... Je schématise. Il récitait des blagues éculées. Le public s'en fout peut-être complètement mais je me pose souvent un peu comme créateur de ce que je fais ou de ce que font des gens comme Bedos, comme vous ou d'autres. Coluche avait, à mon avis, une capacité de création suffisante pour ne pas aller piquer dans le Vermot des histoires de cul qu'il balançait à la mitrailleuse à la radio. Je trouve que c'est s'abaisser un peu, ça m'a déçu par rapport aux choses grandioses qu'il faisait avant.

Ratisser trop large, tu ne crois pas que c'est un danger permanent à partir du moment où tu as du succès?

J'espère que non, je ne pense pas... Je ne crois pas... Vraiment j'en reviens à ce que je disais de Brassens. Si je me mets à m'abaisser à mes propres yeux, je deviens malheureux. Je baise moins bien... Ou alors ça se fera sans que je m'en aperçoive... C'est encore très orgueilleux ce que je vais vous dire mais je l'ai vérifié, j'ai des preuves. Je préfère être dans la misère que de m'abaisser à des choses qui ne me plaisent pas. Le premier exemple c'est quand j'étais au « Petit Rapporteur ». C'était quand même une chance formidable, pour quelqu'un qui n'avait jamais rien fait, d'être placé dans la lumière de quelque 18 à 20 millions de personnes tous les dimanches. A partir du moment où on a essayé de m'empêcher de faire ce que j'avais envie de faire, où l'on m'a coupé au montage des scènes qui faisaient rire les monteurs, je n'ai plus été bien. J'aurais pu effectivement faire « étoile à matelas, toiture en zinc, et puis poil, bite, zob ». Mais je suis retourné à *L'Aurore*, à mon salaire dont je vous parlais tout à l'heure, sans aucun calcul, uniquement parce que je commençais à ne plus être bien. Quand je commence à lancer des sabots à la gueule de ma femme, c'est que ça ne va pas ! Alors, je m'en vais.

Donc, d'après toi il n'y a pas de danger de grosse tête, de mégalomanie...

De grosse tête ! Je ne me prends pas pour de la merde. Je ne me prends pas pour quelqu'un de passionnant mais à partir du moment où on fait un métier public et que ça marche, on est content. Si c'est ça avoir la grosse tête... Non, la grosse tête, c'est quand on se surestime. Je ne sais pas si je me surestime, mais je ne me méprise pas complètement dans ce que je fais.

As-tu l'impression d'avoir plus de pouvoir sur les autres ?

Absolument ! Par exemple il y a un jeu que je m'amuse à faire de façon un peu sadique. Je téléphone au bureau d'un personnage semi-important ou qui se croit tel :

– *(voix timide)* Bonjour madame, est-ce que je peux parler à M. Séguéla ?

– *(voix sèche)* Il est en réunion.

– *(déçu et timide)* Ah ! Bon...

– *(voix sèche)* C'est de la part de qui ?

– *(très timide)* Pierre Desproges.

– *(avec des fleurs dans la voix)* Ne quittez pas, monsieur Desproges, je vais voir s'il est là. *(rires)*

Alors là je me dis : « Merde ! Je ne suis pas de la merde. » *(rires)* Et ça me fait beaucoup rire.

Mais la forme de pouvoir dangereuse, c'est celle qu'on a sur le public. Je pense à un gamin comme ce pauvre Lalane... Ce type a un discours extrêmement dangereux. Je l'ai vu donner un cours de démocratie devant le Poivre d'Arvor !... encore un dangereux celui-là... Il a eu le front de faire une chanson contre le pouvoir... Il a fait un concert à Bourges où il a tenu son public pendant sept heures. Les mômes faisaient ça *(Desproges lève les deux poings fermés)*... et de ça à ça *(il fait le salut fasciste)*, il n'y a pas loin... C'est effrayant, ce type-là a un pouvoir sur les gens et, comme à mon avis il ne doit pas être très malin, il est extrêmement dangereux. Je suis désolé, ça me rappelle Munich en 33, où les gens défilaient avec des flambeaux, d'ailleurs ils en ont dans les salles de rock. *(Desproges fait le geste du briquet tendu)* Je suis désolé, ce ne sont pas des coïncidences... Et ils ont des uniformes noirs en cuir pour aller voir certains chanteurs. *(rires)*

Tu ne crois pas que, dès qu'on est sur scène, on a un pouvoir sur les gens...

Bien sûr... mais il y a quand même une connivence. Les gens, quand ils viennent voir un spectacle, ils acceptent de se laisser emmener, mal mener ou bien mener. Mais quand ils sortent de là, ils redeviennent lucides. Tandis qu'il y a des mômes qui tombent dans le fanatisme. On parlait de Coluche tout à l'heure, la béatification de ce personnage c'est quelque chose de monstrueux. Qu'on béatifie un clown, ça me fait peur, c'est humiliant pour les clowns, accessoirement !

Je voudrais revenir à Lalane. Quand tu as une cible comme ça, as-tu une réflexion particulière sur le personnage ou c'est complètement épidermique ?

Les deux... Cette semaine c'est Lalane, mais je n'ai rien contre ce garçon.

Lis-tu beaucoup de journaux, écoutes-tu les informations ?

Oui... Comme j'ai toujours peur de mourir... Les gens qui ont peur de la mort font toujours référence à l'heure, ils regardent ce qui se passe, ils se situent toujours dans le temps qui passe. Quand je me couche, je me dis : « Chouette ! J'ai tant d'heures à dormir... » Les journaux, les bulletins d'informations toutes les heures à la radio, ça me ponctue l'existence, puis l'autre raison c'est que, professionnellement, j'en ai besoin.

Tu dis : « j'ai toujours peur de mourir », ta propre mort, c'est un sujet qui revient...

Tout le temps.

Tout le temps ?

Tout le temps. Tous les jours, toutes les demi-heures... sans arrêt... Enfin, je m'arrête pour dormir... Chaque fois qu'il m'arrive quelque chose de bien, je me dis que c'est dommage, qu'il va falloir mourir après ça. En plus, je suis quelqu'un qui doute tout le temps et la seule certitude que j'ai, malheureusement, c'est celle-là... Je ne crois pas à Dieu, je ne crois pas au diable, je ne crois pas à Giscard d'Estaing, toutes les grandes valeurs me passent au-dessus de la tête, sauf celle-là...

Mais sur Dieu, tu mets des points d'interrogation ?

Le fait de trouver que la mort est injuste, c'est déjà une réflexion mystique. On aimerait bien qu'il y ait une solution. Quand on pense que Dieu est la solution, on doit sûrement mieux vivre cette certitude-là... Enfin, je ne sais pas... Moi, je suis un athée mystique...

Si on te proposait une congélation et de te ressortir cinquante ou cent ans après, tu serais volontaire ?

L'état de mort ne me gêne pas, c'est le fait de passer de la vie à la mort qui me gêne. Une fois que je serai mort, je ne suis pas sûr que j'aurai envie de revenir... puisque je n'aurai envie de rien ! L'état de mort, c'est la non-existence totale... La congélation, non.

Pour en revenir à la politique, sans te demander pour qui tu votes...

Je ne vote pas... Je trouve que c'est un devoir civique de ne pas voter... Enfin, quand on a les choix qu'on a actuellement. Si vous pouvez me dire comment on distingue Mitterrand de Giscard ou de Chirac, si vous avez un détail qui les sépare l'un de l'autre, que vous arrivez à me convaincre que ce n'est pas tout à fait les mêmes gens...

Dans un de tes bouquins, tu rends hommage à de Gaulle...

Je ne me rappelle pas exactement...

C'est dans le Dictionnaire superflu : *« A Paris, cependant, le fond de l'air est frais.*

"Mieux vaut un bon petit froid sec qu'une mauvaise petite pluie fine, mais, tout de même, mets ta laine", dit Yvonne de Gaulle à son mari qui sort ramasser le pouvoir sous la brise. Il le gardera plus de dix ans. Puis s'en ira mourir à petits pas forestiers et tombera sur la mousse à grand fracas de chêne abattu. Depuis, nous n'avons plus de grand homme, mais des petits qui grenouillent et sautillent de droite à gauche avec une sérénité dans l'incompétence qui force le respect... » C'est vachement beau...

Sur le plan du verbe, je reconnais que c'est très beau. *(rires)* Je sais, ça étonne les gens quand je parle de ça... Il y a l'homme de spectacle chez de Gaulle... C'était un énorme orateur, un type extraordinaire, un acteur, une gueule, c'est inouï. Et depuis, c'est vrai, il n'y a que des petits crapauds qui sautillent. Et puis, j'en reviens à ce que je disais tout à l'heure sur les gens qui se compromettent ou qui ne se compromettent pas, c'est un type qui ne s'est pas sali. Je ne crois pas. Il avait une idée complètement mystique et dingue. Je n'ai jamais voté pour lui non plus. Je ne suis pas gaulliste mais je le place au hit-parade des bons acteurs, des gens pas sales, pas compromis...

Il y a un moment où il faut passer à l'action, ne serait-ce qu'en votant...

J'aurais l'impression de passer à l'action en votant si on me donnait le choix entre Le Pen et n'importe quel autre, sauf Marchais. J'irais voter pour n'importe quel autre, sauf Marchais. Là, je n'ai vraiment pas le choix, pour moi c'est le même mec qui fait Chirac et Mitterrand. Ils se foutent complètement du bien-être de l'humanité. Ils se foutent complètement du progrès de l'homme.

La culture, c'est important ?

En tout cas, ça ne regarde pas les ministres.... Un ministre de la Culture, à la limite, ça peut gérer un budget, mais ça ne doit pas se mêler de l'artistique ou alors il faut un artiste, mais un artiste qui peut être ministre ne peut pas être un bon artiste. Artiste, c'est un métier complètement individualiste où on se bat tout seul... Je suis contre les subventions. Je prêche contre ma chapelle parce que je pars en tournée, et que je ne suis pas donné, maintenant.

Tu es contre donner une subvention à une troupe de théâtre mais tu es d'accord pour qu'on donne une subvention afin de faire venir « Pierre Desproges ». (rires)

Quand je dis que je suis contre les subventions, c'est une idée générale…

Je n'ai pas dit que j'étais contre le fait qu'il y ait des musées ou des chaînes de télévisions d'État… Mais il y a toujours chez le bon ministre de la Culture le besoin de fonctionnariser le clown qui me fait un peu peur. A gauche, le mot « talent » est prohibé. C'est quelque chose qui me gêne chez la gauche, si le mot rentable me gêne chez la droite.

Il y a des syndicats d'artistes. Le but, c'est que tous les acteurs gagnent la même chose, même si le public ne vient pas, or la seule médaille qu'on peut revendiquer c'est les gens qui viennent ou qui ne viennent pas. Bon, cela dit, on peut vous empêcher de les faire venir ou on peut aider à les faire venir…

Tu fais un sketch intitulé : « On m'a dit que des Juifs se sont glissés dans la salle. »

Ce n'est pas le titre, c'est la première phrase... C'est le meilleur moment pour moi, arriver en scène en disant : « On me dit que des Juifs se sont glissés dans la salle », j'adore dire ça.

Il est très drôle ce sketch…

Il est ambigu surtout...

C'est toujours sur le fil du rasoir.

Oui, d'ailleurs les antisémites n'osent pas rire dans ce sketch... Et les Juifs se croient obligés de rire. *(éclats de rire)*

Est-ce qu'un sketch comme ça te demande plus de boulot ?

Non, c'est venu d'un jet. Je crois que c'est pareil quand on compose une chanson. Quand tu trouves une phrase musicale que tu sens bien, le reste vient. Tout est sur le même ton.

Tu n'as pas eu peur d'être taxé d'antisémitisme...

Si ! Mais je croyais que tu parlais de l'écriture, sur le plan de l'alignement des mots...

Tu ne t'es pas dit « là, je vais trop loin »...

Je n'ai pas fait d'autocensure, mais à partir du moment où j'ai eu écrit ce truc-là, ça m'a posé des problèmes. Je me suis même réveillé en sursaut la nuit en me disant : « Est-ce que je peux faire ça ou ne pas faire ça. » C'est le problème éternel du sketch « Marrakech » de Bedos. Comment vont le prendre les Arabes ?

Mais la querelle que je me faisais à moi-même était plus personnelle. C'est que je nomme quelqu'un dans ce sketch, une amie, Anne Sinclair pour ne pas la nommer. Anne Sinclair qui a dit dans un livre – je reconnais que j'ai extrait la phrase du contexte : « Je n'aurais probablement pas pu tomber amoureuse d'un non-Juif. » J'ai trouvé que c'était embêtant que quelqu'un de violemment antiraciste profère ce genre de vérité troublante. Pour moi c'est la même chose que de dire : « Je ne donnerai pas ma fille à un nègre. » Finalement, j'en ai parlé avec Guy Bedos, avec des copains. Huit jours avant la première, j'ai envoyé le texte à Anne, avec une petite lettre. Je ne l'ai pas soumis à sa censure, ni à son approbation. Je lui ai dit : « Je n'aime pas égratigner mes amis par-derrière, donc je le fais par-devant. » Elle m'a appelé le lendemain, elle s'esclaffait, elle était absolument ravie, c'est-à-dire qu'elle a pris ce sketch au deuxième degré... Alors qu'il fallait le prendre au troisième. *(rire général)*

Les Juifs, c'est un thème qui t'est cher !

Je suis né en 1939. Je n'ai pas de souvenir de mes cinq ans ou de mes six ans, mais savoir que je suis né à cette époque-là, qu'il s'est passé ce qui s'est passé vis-à-vis des Juifs, c'est un truc que je n'ai toujours pas compris, au sens fort, comme je ne comprends pas Dieu.

Tu ne comprends pas l'antisémitisme ?

Si, l'antisémitisme je le comprends très bien, toutes les formes de racisme, je les comprends. Mais que des gens, des administrateurs justement, aient envoyé des gens par paquets de mille se faire occire au nom du racisme, c'est un truc, je ne comprends pas... Que mes parents, par exemple, aient vu ça, à une époque qui est la mienne. Ce n'est pas les Huns, ce n'est pas Attila, c'est la semaine dernière. Alors je n'ai jamais compris avec ma sensibilité, mon intelligence... C'est quelque chose que je ne peux pas comprendre. Par rapport à mes quarante-sept ans, presque mon demi-siècle sur terre, c'est la chose sur laquelle je reviens souvent parce que je ne comprends pas. Je trouve ça fabuleusement inimaginable que des êtres humains puissent commettre ça... C'est pour ça qu'à la limite ces gens qui développent les théories selon lesquelles les camps de concentration n'ont jamais existé ! ! ! Je plaisante là, bien évidemment, mais ça dépasse tellement mon entendement...

Tu es un peu jaloux de l'humour juif...

Non, je ne suis pas jaloux de l'humour juif. Je suis assommé par la prétention qu'ont certains Juifs de détenir la clef de l'humour. Ils nous gonflent, alors là vraiment, je les emmerde, en face de l'humour limousin dont je suis le seul dépositaire... *(rires)*

Mais l'humour juif a de grands noms... Chaplin, Woody Allen, entre autres...

Ce sont des conneries. Dire que les Juifs sont plus doués pour la banque que les Bourguignons, c'est complètement con, c'est parce qu'on les a mis dans des situations où on les a empêchés de faire autre chose. Ils étaient bien obligés d'être usuriers, on ne voulait pas leur laisser planter un chou. Mais ce n'est pas dans les gènes ça. C'est comme l'humour, ce n'est pas dans les gènes... Je viens exactement de dire le contraire de la phrase que j'ai dite au début de l'interview. *(rires)* L'humour, ça peut être dans les gènes d'un individu mais pas dans les gènes d'une race, c'est complètement dément... Dire que les Juifs ont de l'humour, c'est aussi raciste que de dire que les Arabes sont des fainéants.

L'intégrisme religieux?

Oh ! là là. Ça me fait très peur. *(silence)* Déjà la CGT qui manifeste dans la rue, j'ai peur, alors tu penses, les mollahs !

Tu dis que les gens se comportent un peu comme des idiots quand ils sont en groupe...

J'ai l'impression que leur intelligence se divise...

Mais quelquefois, pour faire avancer les choses, les gens ont été obligés de se regrouper. « L'union fait la force, comme l'oignon fait la soupe. »

Si l'union fait la force, la force n'a jamais fait l'intelligence.

Tu ne crois pas que parfois...

Tu veux dire que pour casser la gueule à un grand mec fort, on est mieux à quatre que tout seul ? Oui, évidemment, c'est une constatation naturelle. C'est sûr que si les ouvriers des mines, à l'époque où les gosses de sept ans travaillaient à ramasser des cailloux, ne s'étaient pas battus avec des barres de fer contre les patrons, ils en seraient toujours à l'âge de la pierre taillée. *(silence)* Mais est-ce que c'est important que les enfants ne travaillent pas dans les mines? *(rires)* Il y a quand même d'autres soucis à se faire!

Quels sont les sujets que tu n'aurais pas voulu qu'on aborde?

Je n'aurais pas répondu aux questions d'ordre privé. Je parle de ma femme mais quand je parle d'Hélène c'est parce que c'est mon collaborateur privilégié, comme Pierre Perret parle de sa femme... Sinon, je ne crois pas qu'il y ait des questions qui me gênent.

Tu as dit: « Je n'ai l'impression d'exister que si je dis le contraire des autres. »

Oui, c'est un peu de la provocation mais ça rejoint mon besoin hystérique d'individualisme. Quelquefois, c'est vrai, je suis d'une mauvaise foi, sans m'en rendre compte sur le moment, par besoin d'oxygène, j'ai l'impression que j'étouffe si...

Et ça remonte à loin? Ça se précise de plus en plus? Ça se tasse?

Ça se tasse dans la vie courante depuis que je m'exhibe. Depuis que j'en fais un métier, finalement. Cela dit, c'est quand même vrai qu'on n'existe que si on est différent. C'est peut-être la définition de l'existence. J'ai un exemple très précis, je parlais de la béatification de Coluche mais il y a eu, avant, à la mort de Simone Signoret, encore une béatification, un nombre de bêtises telles que je me suis dis : « Cette vieille conne. » Tout d'un coup je n'aimais plus Simone Signoret, alors que j'ai toujours pensé que c'était une grande actrice.

Mais ce sont les journalistes qui font la béatification, pas elle.

Les journalistes ! Les journalistes écrivent ce que les lecteurs ont envie de lire... A propos de Signoret, ils étaient absolument... La France entière... On a écrit des choses... Même Jérôme Garcin qui est un ami, que j'aime bien, qui n'est pas idiot, avait écrit dans son journal : « Elle était belle, c'était la plus belle », à côté d'une photo de cette femme qui était rongée par la maladie, qui avait une tête de vieille mourante comateuse. Ce n'est pas ça, la beauté... La beauté, c'est les lolos qui percent ou un regard, mais là, sous la graisse, on ne la voyait plus. On a dit des choses complètement idiotes à propos de cette femme.

Mais tu as regretté ce que tu avais dit...

Je l'ai regretté pour des raisons privées... En plus je l'ai regretté parce que, effectivement, je pense toujours que c'était un personnage formidable. Encore qu'elle ait été stalinienne à une certaine période. Ce qui est dangereux chez ce genre d'intellectuels, c'est qu'ils essaient de convaincre une génération que Staline c'est Dieu et, comme ils ne se sentent pas responsables des conneries qu'ils disent, vingt ans après ils ont le droit de dire absolument le contraire. Et tout le monde s'extasie : « Oh ! Signoret, quel génie, qu'est-ce qu'elle pense bien... » Ça aussi, c'est suspect... Je ne dis pas qu'on n'a pas le droit à l'erreur... Tout le monde a le droit d'avoir des opinions, mais les vomir sur la place publique, surtout quand ce sont des conneries aussi graves... Montand, Signoret, ils ont été staliniens. Stalinistes convaincus jusqu'en 57 ou 58, c'est-à-dire qu'ils n'avaient pas lu Kravchenko en 47, alors que c'étaient déjà des grands garçons. C'est quand même étonnant. Et, vingt ans après, ils ont le droit de dire absolument le contraire. Montand, il est reaganiste maintenant, avec la même foi, la même brillance dans les yeux et il faut encore dire : « Bravo, il a raison celui-là. »

Donc, à partir du moment où il y a un consensus général sur une mort ou un mouvement, toi, tu te mets complètement en réaction. Il y a eu d'autres béatifications récentes...

Le Luron n'a pas été béatifié parce que la gauche n'aimait pas Le Luron. C'est la gauche qui encense, c'est la gauche qui béatifie, c'est pas les chrétiens. *(rires)*

Tu dis détester les modes et tu joues au golf?

Je ne joue pas au golf parce que c'est à la mode. Je joue au golf parce qu'on ne me demande pas d'autographes *(rires)*, et que c'est le seul sport que je puisse faire en commun avec ma femme. Elle n'aime pas les autres.

Tu n'es pas un grand sportif.

Je fais de la planche à voile. J'étais un des premiers en France à faire de la planche à voile. J'ai toujours fait des sports individuels. Je fais du vélo tout seul, je fais de la planche à voile parce que c'est un bateau où on est tout seul, pas besoin de dire bonjour.

On t'a proposé de faire une émission à Moscou et tu as refusé. Pourquoi?

Quand Le Pen était venu au « Tribunal des flagrants délires », j'avais fait un truc sur le rire. Je partais d'une question : « Peut-on rire de tout ? » La réponse est « oui », mais « Peut-on rire avec tout le monde ? », la réponse est « non ». Voilà la réponse à la question sur Moscou. Cela étant, je regrette de ne pas l'avoir fait. Il était question de charrier un peu les Moscovites, pas vraiment méchamment. Je voulais faire des choses anodines, du genre aller dans la foule devant le tombeau de Lénine, faire la queue avec les gens et demander au type qui est devant : « Qu'est-ce qu'on joue ? »... Voir la réaction des Moscovites de base devant ce genre de pitreries. Ça aurait pu être assez rigolo ! En plus, ça m'aurait permis de faire ce que je ne peux plus faire, vu qu'on commence à me reconnaître un peu. Comme la période du « Petit Rapporteur » où je charriais des grands écrivains ou des gens comme ça. Je faisais des interviews qui étaient marrantes parce que je n'étais absolument pas connu ni du public ni des interviewés.

Est-ce que tu travailles en groupe ?

Chaque fois que j'ai essayé, je me suis planté. Et pourtant j'en ai eu souvent envie. J'ai essayé, avec une bonne actrice, Évelyne Granjean. On a fait un café-théâtre en 77. Ce n'est pas quelque chose dont j'ai honte, c'était pas mal. Mais on a écrit à deux, en six mois, trois quarts d'heure de spectacle alors que tout seul, en deux mois, je fais du meilleur travail. Ce n'est pas de sa faute ni de la mienne... Avec Luis Régo, j'ai fait une tentative pour les « Flagrants délires », on a écrit à deux une plaidoirie-réquisitoire, en s'enfermant quatre jours, à la campagne. Il a failli me tuer, il a failli m'occire, c'était horrible. Je suis trop autoritaire peut-être, je ne sais pas.

Tu as toujours bossé pour France Inter ? C'est par allergie aux autres radios ?

Je suis quelqu'un du verbe et c'est la seule radio, à peu près, à part France Culture, où on peut parler dans sa langue, et sans mettre « tic-tac-tic-tac » la seconde d'après. France Inter, une fois qu'on y a mis le pied, c'est difficile d'en sortir complètement.

Tu as un côté assez manichéen...

Je suis manichéen moi ? Je ne vous permets pas... Ce n'est pas vrai. Je suis quelqu'un du doute. Je suis dans le doute... Être manichéen c'est être persuadé que ça c'est bien et ça pas bien, de dire, la droite c'est des méchants, la gauche c'est des gentils, ou le contraire.

C'est sincère ou c'est une position comme ça...

Je n'aime pas la nuance. Je baise à fond, je bois du calva à 80°, je ne mange pas une cuillère de caviar, il m'en faut six, huit, douze. Je suis sans nuance. J'aime bien le piment... Et puis attention, je suis un caricaturiste, donc je suis obligé de charger.

Tu dis : « Je n'aime pas les gens qui ne doutent pas. » Toi, quand tu charges, tu dois avoir des doutes quelquefois ?

La seule certitude que j'ai, c'est d'être dans le doute... *(rires)* Bien répondu, hein? *(rire général)*

DU MÊME AUTEUR

Manuel de savoir-vivre
à l'usage des rustres et des malpolis
Seuil, 1981
et « Points », n° P 401

Vivons heureux en attendant la mort
Seuil, 1983, 1991, 1994
et « Points », n° P 384

Dictionnaire superflu
à l'usage de l'élite et des bien nantis
Seuil, 1985
et « Points », n° P 403

Des femmes qui tombent
roman
Seuil, 1985
et « Points », n° P 479

Chroniques de la haine ordinaire
Seuil, 1987, 1991
et « Points », n° P 375

Textes de scène
Seuil, 1988
et « Points », n° P 433

L'Almanach
Rivages, 1988

Fonds de tiroir
Seuil, 1990

Les étrangers sont nuls
Seuil, 1992
et « Points », n° P 487

La Minute nécessaire de monsieur Cyclopède
Seuil, 1995
et « Points », n° P 348

Les Bons Conseils du professeur Corbiniou
Seuil/Nemo, 1997

Audiovisuel

Pierre Desproges : portrait
Canal + Vidéo, cassette vidéo, 1991

Les Réquisitoires
du tribunal des flagrants délires
Epic, disque et cassette, 1993

Chroniques de la haine ordinaire
Epic, disque et cassette, 1994
et cassette vidéo, 1996

Pierre Desproges au théâtre Fontaine
Epic, disque et cassette, 1995
et cassette vidéo, 1996

Pierre Desproges au théâtre Grévin
et entretiens inédits avec
Yves Riou et Philippe Pouchain
Epic, disque et cassette
et cassette vidéo, 1996

RÉALISATION : PAO ÉDITIONS DU SEUIL
IMPRESSION : NORMANDIE ROTO IMPRESSION S.A. À LONRAI
DÉPÔT LÉGAL : AVRIL 1998. N° 34553 (980513)